Venus

J.P. Bloom

Abdo
PLANETAS
Kids

abdopublishing.com

Published by Abdo Kids, a division of ABDO, PO Box 398166, Minneapolis, Minnesota 55439.

Copyright © 2017 by Abdo Consulting Group, Inc. International copyrights reserved in all countries.
No part of this book may be reproduced in any form without written permission from the publisher.

Printed in the United States of America, North Mankato, Minnesota.

052016

092016

THIS BOOK CONTAINS
RECYCLED MATERIALS

Spanish Translator: Maria Puchol, Pablo Viedma

Photo Credits: iStock, NASA, Science Source, Shutterstock, Thinkstock

Production Contributors: Teddy Borth, Jennie Forsberg, Grace Hansen

Design Contributors: Laura Rask, Dorothy Toth

Publishers Cataloging-in-Publication Data

Names: Bloom, J.P., author.

Title: Venus / by J.P. Bloom.

Other titles: Venus. Spanish

Description: Minneapolis, MN : Abdo Kids, [2017] | Series: Planetas |
    Includes bibliographical references and index.

Identifiers: LCCN 2016934904 | ISBN 9781680807592 (lib. bdg.) |
    ISBN 9781680808612 (ebook)

Subjects: LCSH: Venus (Planet)--Juvenile literature. | Solar system--Juvenile
    literature. | Spanish language materials--Juvenile literature.

Classification: DDC 523.42--dc23

LC record available at http://lccn.loc.gov/2016934904

Contenido

Venus

Venus es un **planeta**. Los planetas **orbitan** alrededor de las estrellas. Los planetas de nuestro sistema solar orbitan alrededor del sol.

5

Venus es el segundo **planeta** más cercano al sol. Está alrededor de 67 millones de millas (108 millones de km) del sol.

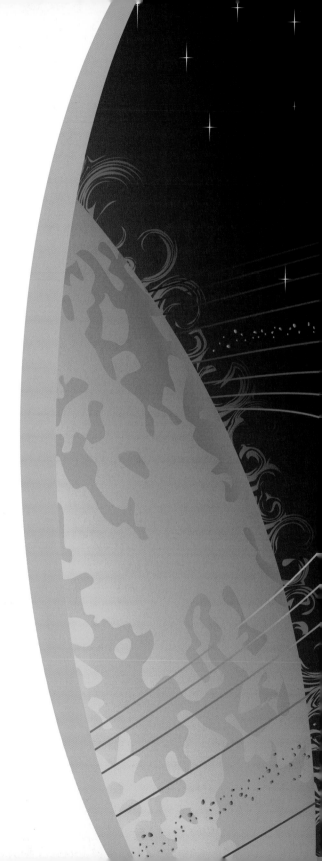

Mercurio

Venus

La Tierra

Marte

Júpiter

Saturno

Urano

Neptuno

7

Venus hace una **órbita**
completa alrededor del sol
cada 225 días. Un año en Venus
son 225 días en la Tierra.

Venus

El sol

Venus rota mientras está en **órbita**. La rotación determina un día y una noche. Una rotación completa tarda 243 días en la Tierra.

La Tierra
7,918 millas
(12,743 km)

Venus
7,520 millas
(12,102 km)

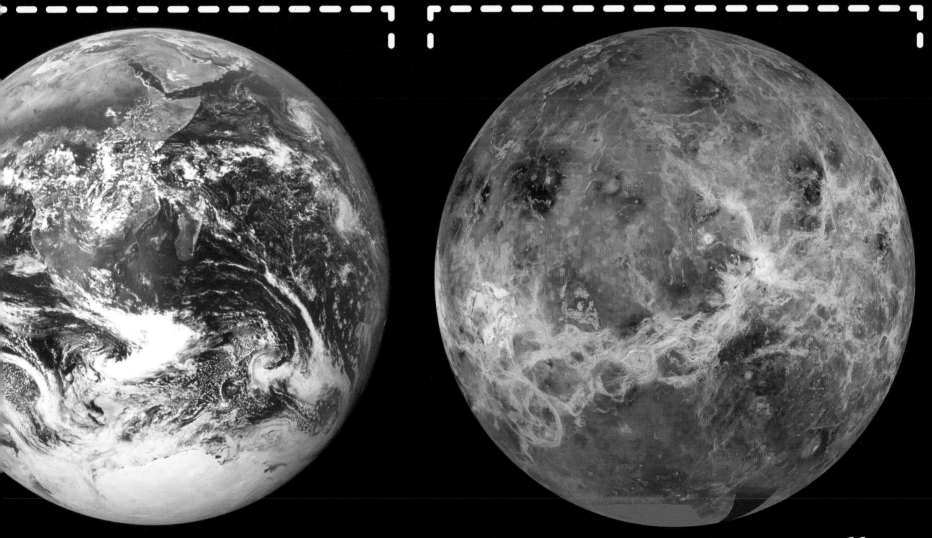

11

El aire de Venus es denso.

Este aire atrapa calor.

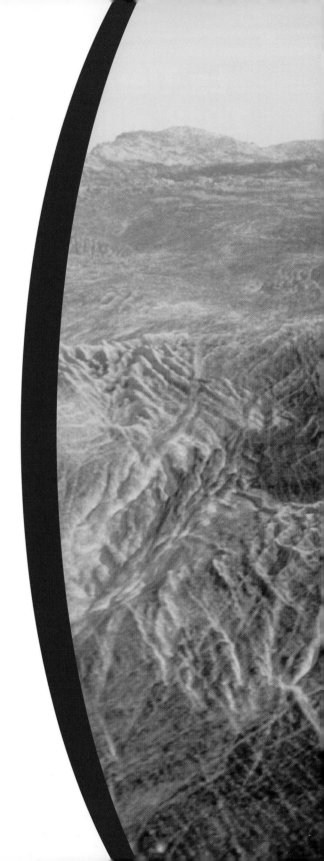

13

El planeta más caluroso

Venus es el **planeta** más caluroso en nuestro sistema solar. La temperatura en Venus puede llegar a los 870°F (466°C).

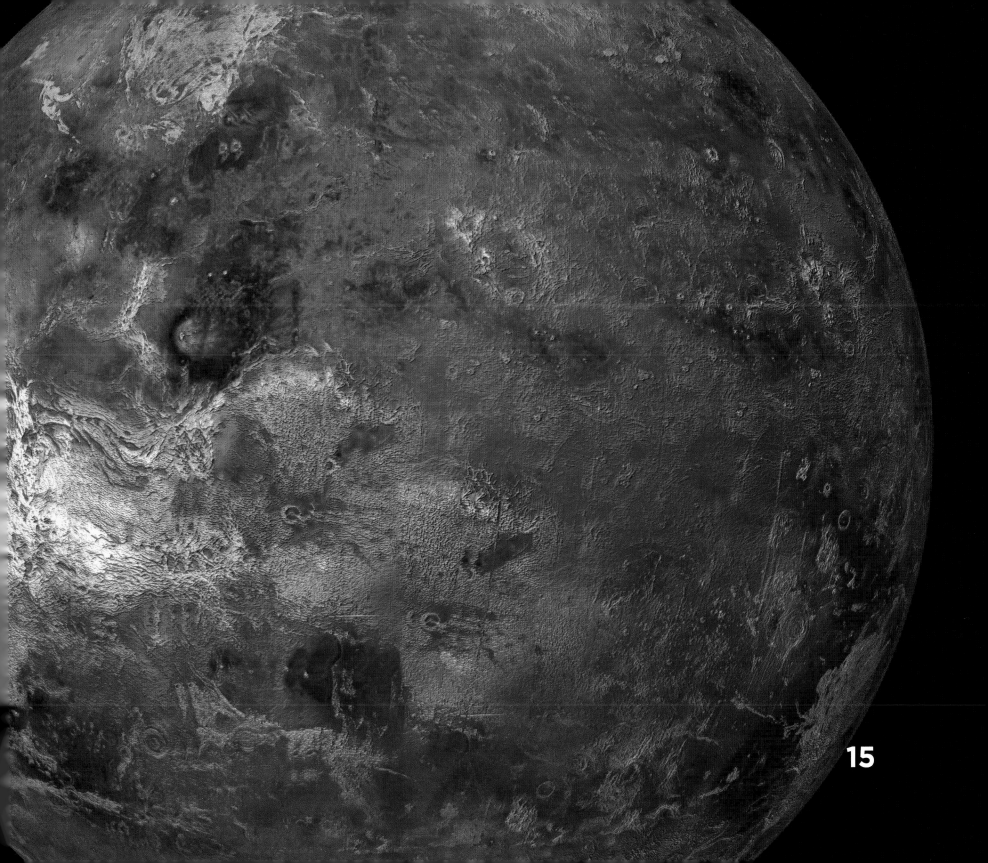

15

Volcanes

Venus tiene muchos **volcanes**.
Otras partes de Venus son
planas y lisas.

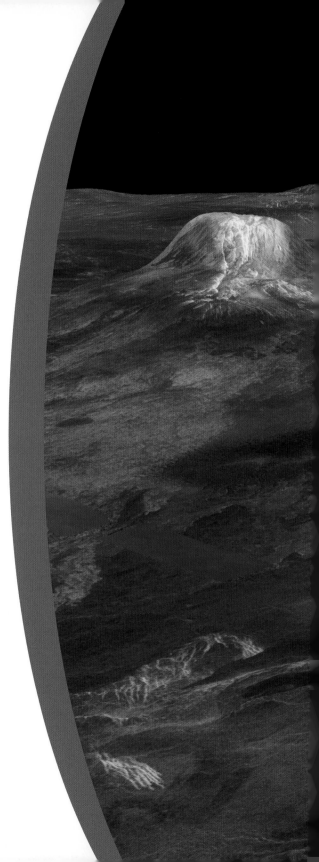

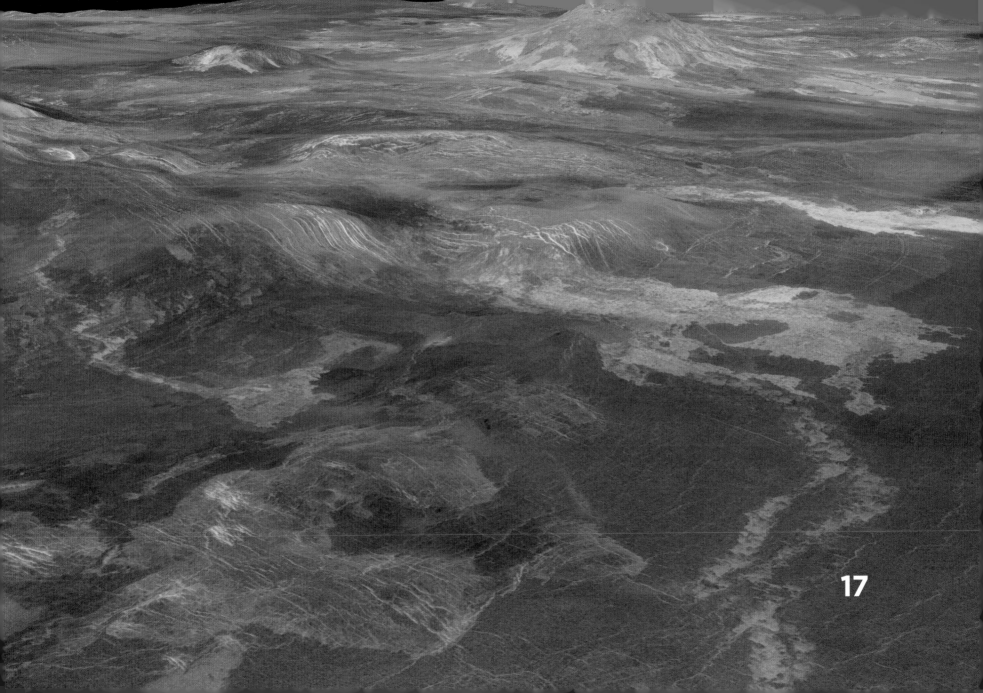
17

Nubes

En Venus hay nubes. La capa
más alta de nubes se mueve a
224 millas por hora (360 km/h).
Esto es muy rápido comparado
con lo lento que rota el planeta.

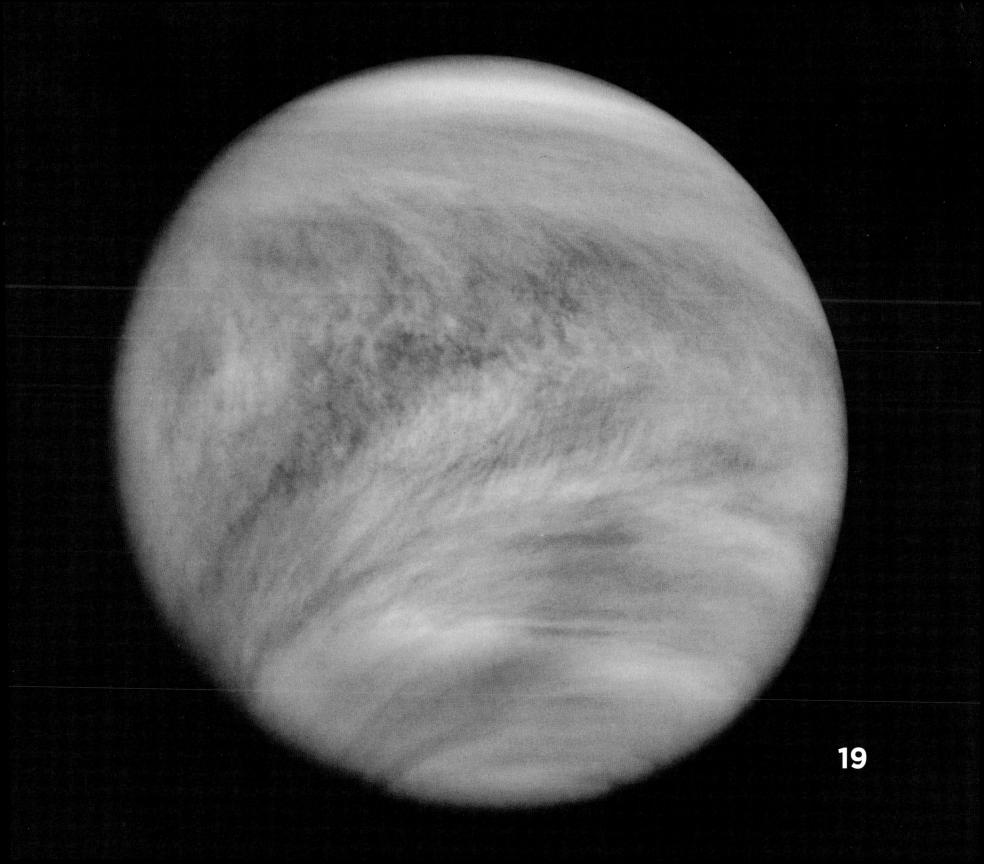

19

Venus desde la Tierra

Venus es más brillante que ningún otro **planeta**. Sus nubes **reflejan** la luz. Venus se puede ver por la noche desde la Tierra.

20

Venus – – – ·

21

Más datos

- Venus es tan brillante como una estrella. A veces se le llama la "estrella de la mañana" o la "estrella de la tarde". Se ve Venus fácilmente en esos momentos.

- Venus es sólo un poco más pequeño que la Tierra. Los planetas se diferencian de muchas maneras.

- Venus rota hacia el lado contrario que los otros planetas. Urano es el único que rota hacia el mismo lado que Venus. El sol sale por el oeste y se pone por el este en Venus.

Glosario

órbita – trayectoria de un objeto espacial que se mueve alrededor de otro objeto espacial. Orbitar es moverse en esa trayectoria.

planeta – objeto espacial grande y redondo (como la Tierra) que gira alrededor de una estrella (como el sol).

reflejar – que puede devolver luz.

volcán – montaña o colina grande con un agujero por el que puede salir lava, ceniza y rocas del interior de la corteza de la Tierra.

Índice

abdokids.com

¡Usa este código para entrar en abdokids.com y tener acceso a juegos, arte, videos y mucho más!

Código Abdo Kids:
PVK7228